AF349874

COLLECTION DE M. B***

TABLEAUX

ET

DESSINS MODERNES

QUELQUES

TABLEAUX ANCIENS

EXPOSITION

Le Jeudi 2 Mars 1865.

VENTE

Les Vendredi 3 & Samedi 4 Mars 1865

A DEUX HEURES PRÉCISES

Mᵉ ESCRIBE

COMMISSAIRE - PRISEUR.

M. Francis PETIT

EXPERT.

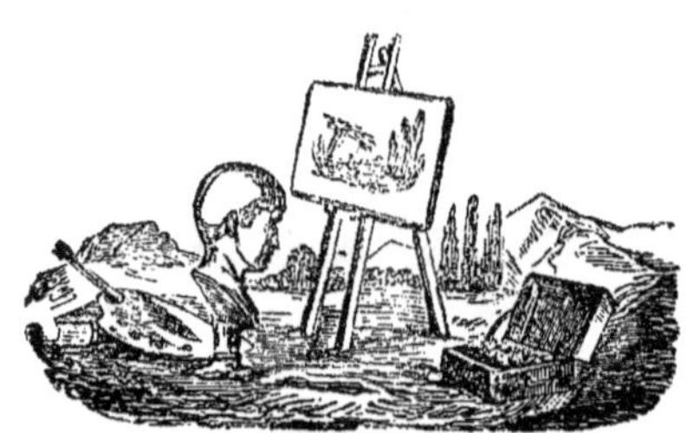

Renou et Maulde, Imprimeurs de la Compagnie des Commissaires-Priseurs,
rue de Rivoli, 144.   39556

CATALOGUE

TABLEAUX

ET

DESSINS MODERNES

ET

QUELQUES TABLEAUX ANCIENS

Composant la Collection de M. B***

DONT LA VENTE AURA LIEU

HOTEL DROUOT

SALLE N° 5

Les Vendredi 3 et Samedi 4 Mars 1865, à deux heures précises

Par le ministère de Mᵉ **ESCRIBE**, Commissaire-Priseur,
rue Saint-Honoré, 217,
Assisté de **M. Francis PETIT**, Expert, rue de Provence, 43,
Chez lesquels se distribue le présent Catalogue.

EXPOSITION PUBLIQUE

Le Jeudi 2 Mars 1865, de une heure à cinq heures.

PARIS — 1865

CONDITIONS DE LA VENTE

Elle sera faite au comptant.

Les acquéreurs paieront, en sus des adjudications, cinq centimes par franc, applicables aux frais.

DESSINS

1. **BALLUE**.............. Paysage : Soleil couchant.

Pastel.

2. **BELLANGÉ**........... La Leçon de lecture.

Dessi

3. **BLANCHARD** .... Les Bords de la Marne.

Pastel.

4. **CARAUD**.............. Femme assise tenant un éventail. (Croquis.)

Dessin.

5. **CHARLET**............. Les Petits révolutionnaires.

Dessin.

6. **COURBET**............. Portrait d'homme.

Dessin.

7. **DORCY**............... Tête de jeune fille.

Pastel.

8. **DORCY**............... Jeune fille avant le bain.

Pastel.

9. **DORCY** .... Jeune fille après le bain.

Pastel.

10. **DUPRÉ (V.)** .... Paysage et Animaux.

> Aquarelle.

11. **ESBENS** .... Étude d'homme d'après Couture.

> Aquarelle.

12. **FLANDRIN (H.)** .... Tête d'homme.

> Dessin.

13. **FLERS** .... Paysage : l'Écluse.

> Aquarelle

14. **JACQUE** .... Troupeau de moutons dans la plaine de Barbison.

> Sanguine. Dessin important.

15. **JACQUE** .... Intérieur d'un poulailler.

> Dessin rehaussé.

16. **JACQUE** .... Troupeau de porcs paissant.

> Dessin.

17. **JACQUE** .... Troupeau de moutons sur la lisière d'un bois.

> Dessin.

18. **LALANNE** .... Paysage.

> Fusain.

19. **LENFANT DE METZ.** La Prière à l'église.

> Dessin au fusain.

20. **MADOU** .... Cavalier Louis XIII.

> Dessins.

21. **MARÉCHAL** .... Intérieur de fort.

> Pastel.

22. **MEISSONIER** .... Gentilhomme Louis XV.

> Croquis à la plume.

23. MEISSONIER.......... Un Républicain.

Dessin.

24. MEISSONIER.......... Étude de chevaux.

Dessin rehaussé.

25. PARIS............... Un Taureau.

Dessin.

26. LÉOPOLD ROBERT.. Paysans italiens.

Aquarelle.

27. ROBERT FLEURY... Étude de figures.

Dessin à la plume.

28. STEVENS (J.)........... Chiens attelés à une petite voi-
ture.

Fusain.

29. TOURNEUX........... Dame vénitienne.

Pastel.

30. VEYRASSAT.......... Le Retour de la fanaison.

Aquarelle.

31. VILLAIN.............. Jeune Fille lisant.

Aqua.

32. WYLD............... Une Place de Munich.

Aquarelle.

33. ZIEM................ Marine : Barques italiennes.

Aquarelle.

34. ZIEM................ Paysage et Moulin.

Aquarelle.

TABLEAUX MODERNES

53. CHIFFLARD........... La Promenade du lion.

54. COIGNIARD........... Paysage : Soleil couchant.

55. COUTURIER.......... La Poule favorite.

56. COUTURIER.......... Le Serrurier.

57. DESHAYES (Eug.)...... Enclos de ferme.

58. DESHAYES (Eug.)...... Village aux environs de Paris.

59. DESHAYES (Eug.)...... Paysage : Pont de bois traversant un ruisseau.

60. DEVERIA.............. Épisode de la guerre de Vendée.

61. DIAZ................. L'Exorcisme.

62. DECAISNE............ Napoléon à Montereau.

63. DUPRÉ (V.)........... Vaches au pâturage.

64. DUVERGER........... Jeune Fille arrangeant des fleurs.

65. ESBRAT et TROYON. Midi au bois.

66. FLERS................ Paysage normand.

67. FRÈRE (Th.)........... Ruines de Thèbes.

68. FRÈRE (Th.)........... Marchands au Caire.

69. FRÈRE (Th.)........... Environs du Caire.

70. FRÈRE (Th.)........... Paysage : le Soir.

71. GABÉ................ Sarah, la baigneuse.

72. LEGENTILE.......... Paysage de Bretagne.

73. GIRARDET (Karl)...... Vue prise au Veaux de Cernay.

74. GIROUX (André)........ Le Moulin de la Brasserie.

75. GIROUX (Achille)....... Chevaux en liberté.

97. LUMINAIS............ Paysans bretons.

98. LOIRE................ La Laitière.

99. LONGUET............ Paysage avec figures.

100. MOLINS (DE).......... Meute en chasse.

101. MOLINS (DE).......... Le vieux port de Singapore.

102. MOLINS (DE).......... Escalier de parc.

103. NAZON .... Paysage.

104. NOTERMAN (Z.)....... Intérieur de Cuisine hollandaise.

105. PALIZZI .... Dessous de bois et Animaux.

106. PALIZZI .... Chèvres dans un pâturage au bord de la mer.

107. PALIZZI .... Chevrier breton.

108. PARIS............... Moutons dans une bergerie.

109. PASINI.............. Paysage avec mare.

110. PASINI.............. Paysage : Effet du matin.

111. PATROIS............. Enfants au puits.

112. PERRET............. Chemin traversant une vallée.

113. POTEMONT........... Une Lecture au bois.

114. RENÉ MENARD...... Pâturage.

115. RENÉ MENARD...... Vaches au bois.

116. ROUSSEAU (PH.)...... Le Lièvre et la Tortue.

117. ROZIER (JULES)........ Mare auprès d'une ferme.

118. SALMON .... La petite Ménagère.

119. SCHEFFER (ARY)...... Portrait de Géricault en bandit italien.

120. SCHOPIN .... La jolie Fille de Perth.

121. TANNEUR............. Phare baigné par la mer.

122. TASSAERT .... Baigneuses.

123. TASSAERT .... L'Ami de la ferme.

124. TOURNEUX .... Paysage dans la forêt de Fontai-
nebleau.

125. TROYON .... Chien terrier.

126. TROYON .... Bords de la Marne.

129. VATELET ET DEMARNE. Paysage italien avec animaux.

127. VILLEVIEILLE....... Paysage : Effet du soir.

128. VILLEVIEILLE....... Paysage : Effet du matin.

130. WATTIER .... Galanterie.

TABLEAUX ANCIENS

131. **BACKUYZEN**.......... Tempête et Naufrage sur une côte hérissée de rochers.

132. **BEYLY** .... La Famille du musicien.

133. **BOOTH** ET **BODWIN**.. Paysage et Animaux,

134. **BOSCH**............... Moutons sortant de la bergerie.

135. **CALS**................. Intérieur d'une grange.

136. **CHAMPAGNE** (PH. DE).. La Comtesse et Abbesse des Miramiones.

137. **CHAMPAGNE** (PH. DE). Portrait d'Arnaud d'Andilly.

138. **CUYP**................ Son Portrait.

139. **DEMARNE** (D'après).... Aninaux buvant à une mare située près d'une petite chapelle.

140. **DIETRICH**........... Paysage, Cheval abattu.

141. **FRAGONARD**........ Les Crèpes.

142. **HOLBEIN**............ Portrait de sa mère.

143. **JAURAT**............. Joueurs de cartes.

144. **KAREL DUJARDIN** (ATTRIBUÉ A)............. Berger gardant des animaux.

145. **KAREL DUJARDIN** (ATTRIBUÉ A)............ Cheval et Chèvres près d'une ferme.

146. **LEBRUN**............ Le Christ au Jardin des Oliviers.

147. LEBRUN.............. L'Eunuque de la reine Candaule.

148. LUCAS GIORDANO.. Suzanne et les Vieillards.

149. LE BASSAN.......... Halte de Bohémiens.

150. VALIN................ Psyché fuyant l'Amour.

151. VALIN .... Bacchante enivrant l'Amour.

152. VALIN (Attribué à)...... Vénus et Enchise.

153. WOLFRAT .... Fumeurs attablés sur un tonneau.

154. WOUWERMANS (Attribué à) Un Camp.

ECOLE HOLLANDAISE

155. Paysage, Animaux buvant à une mare.

156. Paysage avec Moulin ; effet d'orage.

157. Paysage et figures ; Soleil couchant.

158. Animaux traversant un gué.

159. Paysage italien (forme ronde).

160. Le Charlatan.

161. Animaux au repos dans un paysage italien.

ÉCOLE ITALIENNE

152. Le Toucher.

Renou et Maulde, imprimeurs de la Compagnie des Commissaires-Priseurs,
rue de Rivoli, 144.   39556

VENTE

HOTEL DROUOT, SALLE N° 11

Le Lundi 16 Février 1903

A 2 HEURES 1/4

DESSINS ET TABLEAUX

Aquarelles, Pastels, Gravures

BEAUX MARBRES

Bronzes, Porcelaines

OBJETS D'ART ET D'AMEUBLEMENT

ANCIENS ET DE STYLE

Tapis

Mᶜ F. LAIR-DUBREUIL	M. Arthur BLOCHE
COMMISSAIRE-PRISEUR	EXPERT PRÈS LA COUR D'APPEL
6, rue de Hanovre, 6	28, rue de Châteaudun, 28

EXPOSITION PUBLIQUE

LE DIMANCHE 15 FÉVRIER 1903

DE 2 A 5 HEURES 1/2

Paris. — Imp. Ménard et Chaufour, C. Chaufour, Successeur

8-10, rue Milton, 8 10